Albert Schweitzer

Geschenk der Zuwendung

Fotografien von
Klaus Ender

Herder Freiburg · Basel · Wien

Ethik bedeutet Erhaltung des Lebens
auf dem höchsten Stand der Entwicklung –
meines eigenen Lebens und fremden Lebens –,
indem ich mich ihm widme in Hilfsbereitschaft
und Liebe; dies beides gehört zusammen.

Es kommt nicht nur darauf an,
was wir äußerlich in der Welt leisten,
sondern was wir menschlich geben,
in allen Lagen.

Es muß eine Menschheit kommen,
in der die Völker durch geistige Ziele
miteinander geeint sind
und das Höchste erstreben,
was es hienieden geben kann.

Sich zum Dankbarkeitsgefühl erziehen will heißen, nichts, von wem es auch komme und was es auch sei, als selbstverständlich hinnehmen, sondern immer den freundlichen Willen, der hinter dem Tun steht, aufsuchen und schätzen. Halte dich an, alles, was dir von Menschen an Gutem begegnet, nach seinem wahren Werte zu ermessen. Nichts von dem, was dir widerfährt, ist selbstverständlich. Alles geht auf einen Willen zum Guten zurück, der auf dich gerichtet ist.

Keiner darf die Augen schließen
und das Leiden,
dessen Anblick er sich erspart,
als nicht geschehen ansehen.

Die Welt,
dem unwissenden Egoismus überantwortet,
ist wie ein Tal, das im Finstern liegt;
nur oben auf den Höhen liegt Helligkeit.
Alle müssen in dem Dunkel leben,
nur eines darf hinaus, das Licht schauen:
das Höchste, der Mensch.
Er darf zur Erkenntnis der Ehrfurcht
vor dem Leben gelangen,
er darf zu der Erkenntnis des Miterlebens
und Mitleidens gelangen,
aus der Unwissenheit heraustreten,
in der die übrige Kreatur schmachtet.

Wo das Bewußtsein schwindet,
daß jeder Mensch uns als Mensch etwas angeht,
kommen Kultur und Ethik ins Wanken.

Wer über sich und sein Verhältnis zu den Menschen
und zu dem Lebendigen um ihn herum wahrhaft
nachdenklich wird, der kann nicht anders als zur
Erkenntnis gelangen, daß wir in tiefster Weise
mit den Schicksalen anderen Lebens, das in unseren
Bereich tritt, mitfühlend sein müssen
und ihm in Hingabe in aller Not beizustehen haben,
soviel wir nur immer können.

Alles Sein ist für uns unerkennbares
und unlösbares Geheimnis.
Unser geistiges Leben besteht nicht
in dem Erkennen dieses Geheimnisvollen,
sondern im Erleben desselben
und im Ergriffensein durch es.

Wo in irgendeiner Weise mein Leben
sich an Leben hingibt,
erlebt mein endlicher Wille
zum Leben das Einswerden
mit dem unendlichen,
in dem alles Leben eins ist.

Das Gesetz der Zurückhaltung ist bestimmt,
durch das Recht der Herzlichkeit durchbrochen zu werden.

Die Ehrfurcht vor dem Leben
ist die höchste Instanz.
Was sie gebietet,
hat seine Bedeutung auch dann,
wenn es töricht oder vergeblich scheint.

Die subjektive, extensiv und intensiv
ins Grenzenlose gehende Verantwortlichkeit
für alles in seinen Bereich tretende Leben,
wie sie der innerlich von der Welt
freigewordene Mensch erlebt
und zu verwirklichen sucht: Dies ist Ethik.

Sich kennen will nicht heißen,
alles voneinander wissen,
sondern Liebe und Vertrauen zueinander haben
und einer an den andern glauben.

Viel Kälte ist unter den Menschen,
weil wir nicht wagen,
uns so herzlich zu geben,
wie wir sind.

Kein Sonnenstrahl geht verloren.
Aber das Grün, das er weckt,
braucht Zeit zum Sprießen,
und dem Sämann ist nicht immer beschieden,
die Ernte mitzuerleben.

Was bedeutet die Ehrfurcht vor dem menschlichen Leben? Was gebietet mir diese Ehrfurcht? Was gebietet mir das Miterleben des Lebens der Menschen um mich herum? Die Ehrfurcht vor dem Menschenleben beginnt mit der Ehrfurcht vor dem eigenen Dasein …

Was der Welt fehlt, sind nicht die großen Summen,
die die oder jene Reiche für sich behalten,
sondern die vielen kleinen Gaben,
die die Wenig-Besitzenden unnötig ausgeben.
Das sind die Wassertropfen,
die den Strom bilden sollten
zum Bewässern des Landes …

Und wir wissen,
die Menschen der Zukunft werden die sein,
die ihre Herzen in ihren Gedanken sprechen lassen.
Und so werden wir, was wir werden sollen:
keine Übermenschen, sondern wirkliche Menschen
mit dem Geiste einer tiefen Menschlichkeit.

Jeder, der nur etwas übrig behält,
ist ein Besitzer und darf sich nicht in Ruhe wiegen,
sondern muß immer unruhig sein,
ob er es verantworten kann
und inwieweit er es verantworten kann,
etwas zu haben, während andere darben.

In aller Tätigkeit darfst du nie unpersönliche Energie, Ausführungsorgan irgendeiner Sache, Beauftragter der Gesellschaft sein, sondern du mußt dich in allem mit deiner persönlichen Sittlichkeit auseinandersetzen, so unbequem, so verwirrend es für dich ist, und versuchen, in allem, was du tun mußt, nach der Menschlichkeit zu verfahren und die Verantwortung für das Los, das du einem andern Menschen bereitest, zu tragen.

Einbandgestaltung: Hermann Bausch
Satz: Layoutsatz Kendlinger
Reproduktionen: RETE GmbH, Freiburg
Herstellung: L.E.G.O. Olivotto S.p.A., Vicenza 1998
ISBN 3-451-26690-3